NOTES

D'UN

VOYAGE EN ITALIE.

NOTES

D'UN

VOYAGE EN ITALIE

en 1857,

PAR G. GEORGE, ARCHITECTE,

lues à la Société académique d'Architecture de Lyon,

féances d'Octobre 1858 & de Mars 1859.

LYON.

IMPRIMERIE DE LOUIS PERRIN.

M DCCC LIX.

NOTES DE VOYAGES

TURIN, 7 *septembre* 1857. — On m'avait
toujours parlé de Turin comme d'une ville
tellement monotone & fans caractère, que
je n'ai pu me défendre, à fon afpect, d'une impref-
fion agréable de furprife. Il y a, dans fes maifons,
dans fes palais & fes monuments, un air de grandeur
& de diftinction qui annonce bien la grande ville.

Voilà bien ce que doit être une capitale, penfai-
je en arrivant dans le quartier neuf que l'on trouve

de fuite à l'arrivée du chemin de fer de Suze, & cette impreſſion a ſubſiſté pendant les deux journées que j'y ai paſſées. — Turin, comme du reſte les princi-pales villes d'Italie, ne préſente pas, à ſon entrée, cet aſpect peu flatteur & même bien ſouvent re-pouſſant, qui frappe le voyageur arrivant dans la plupart de nos grandes villes de France, à Lyon par exemple, à Rouen, à Marſeille, & à Paris auſſi, ſi l'on en excepte la barrière de l'Etoile. Les faubourgs, *Corpi ſanti*, comme on les appelle dans le Nord de l'Italie, ne ſont pas, comme chez nous, affectés ſpé-cialement à la demeure des claſſes ouvrières & aux établiſſements induſtriels. — Un certain air d'élé-gance & de propreté annonce plutôt que les claſſes diſtinguées, fuyant le mouvement tumultueux du centre, y ont cherché leur réſidence.

Le trait caractériſtique des rues de Turin, ce ſont les portiques qui les bordent. Ces portiques ſont, on ne peut ſe diſpenſer d'en convenir, très commodes pour protéger, ſoit de la chaleur ſouvent exceſſive dans ce pays, ſoit des pluies dont il n'eſt pas exempt. — J'avoue que ce motif, dont je redoutais fort l'aſpect uniforme, me ſemble actuellement très bien appro-prié aux convenances ainſi qu'à la décoration de cette grande ville.

Les portiques font très larges & laiffent fuffifam-
ment paffer la lumière, les rues étant elles-mêmes
très fpacieufes, & je trouve que les magafins n'ont
point à en fouffrir, les paffants pouvant s'arrêter & en
voir les étalages tout à leur aife. Ils y gagnent tout
naturellement beaucoup pour les jours de pluie, où
les portiques offrent un lieu de promenade perma-
nent.

Ce que l'afpect des rues peut y perdre en pittorefque, il le gagne en magnificence, furtout quand les
maifons font belles; car alors elles ne font point dé-
parées par les boutiques qui font fouvent très loin, &
notamment à Turin, d'être d'un goût parfait. — Il
ferait feulement à défirer que l'on donnât aux piliers
des arcades un peu plus de légèreté; c'eft ce que l'on
a effayé de faire en les perçant d'ouvertures en forme
de portes, furmontées d'efpèces de croifées s'ouvrant
fur le portique même; mais l'arrangement n'en eft
pas très heureux.

Tout a été dit fur la monotonie qui peut réfulter
de l'adoption des portiques, & je ne voudrais point
paraître trop exclufivement architecte en les défirant
partout; loin de là, ils ne me paraiffent à propos que
dans les rues fpacieufes & belles, comme dans les rues
du Pô, de Dora-Groffa, &c., & ils me plaifent mé-

diocrement dans les rues étroites de Bologne & de Padoue.

Mais je dis pourtant qu'à tout bien confidérer, il eft plus dans les convenances qu'une capitale foit plutôt belle & commode que pittorefque, & qu'après tout, on fe laffe affez vite de ces rues étroites, tortueufes, aux maifons déchiquetées en pignons, en encorbellements & reffauts de toute façon. — Entre Rouen & Turin, au point de vue où je me place, de l'afpect convenable d'une capitale, je crois que perfonne n'héfitera.

Il y aurait bien à défirer un peu mieux, &, plus tard, Milan & furtout Florence & Sienne m'ont montré combien l'afpect monumental & grandiofe était compatible avec le charme qu'a toujours pour l'artifte l'imprévu, le pittorefque & même le fingulier. Mais j'en reviens à Turin, fur lequel je m'étends avec plaifir, parce qu'on y trouve déjà une foule de chofes caractériftiques qui ne font que fe reproduire plus tard, & auffi parce que c'eft la première ville que l'on traverfe en venant de France pour vifiter ce beau pays d'Italie dont le nom fonne fi fort dans le cœur des artiftes, pays que deux fois j'ai vu déjà & que je voudrais revoir encore.

Les trottoirs, à Turin, comme à Milan & dans la

plupart des autres villes, font formés feulement par des dalles le long des maifons & placées de niveau avec le pavage. J'approuve fort le fyftème employé pour le pavage de la chauffée, où l'on a difpofé quatre larges bandes de pierres fervant d'efpèces de rails où gliffent facilement les voitures, qui ont ainfi leur chemin tracé pour l'allée & la venue. — Ces bandes de pierres ont encore l'avantage d'affourdir fenfiblement le bruit, en diminuant le cahotement du pavage ordinaire.

Les maifons font, en général, de belle proportion, & les palais font nombreux. Tout eft conftruit en briques, comme cela eft pratiqué, du refte, généralement, dans le Piémont & dans la Lombardie. — Le ftyle de ces conftruétions correfpondrait à peu près à notre Louis XIV & à notre Louis XV. — Les veftibules font fort grandiofes, ils rappellent ceux de Gênes; — feulement le plâtre & la peinture y remplacent trop fouvent la pierre & le marbre. Les colonnes pourtant ne manquent pas d'être tout en marbre & du plus beau.

Les églifes font nombreufes, comme toujours en Italie, & ont une grande richeffe. C'eft l'architecture des Jéfuites qui y domine : richeffe emphatique,

pleine de détails exubérants & d'un goût affez dou-
teux. C'eft très loin de ce que je me rappelle avoir
vu dans les autres parties de l'Italie que je vais revoir de nouveau.

J'ai oublié une très bonne idée relative aux portiques, & j'ai d'autant plus eu tort que c'eft peut-être
ce qui m'en a charmé le plus. C'eft qu'ils fe continuent, en beaucoup d'endroits, au travers des rues
tranfverfales, de manière à ne pas interrompre la
circulation à couvert. Indépendamment de la commodité qu'on y trouve, cette difpofition offre une
perfpective très agréable & très diftinguée quand on
les voit à diftance formant des arceaux furmontés
de terraffes & enjambant la rue.

J'ai, de l'hôtel Feder, en face de ma croifée, une
délicieufe cour de palais que je ne me laffe pas de voir.

Dans le fond, cinq arceaux fupportés par des colonnes d'ordre dorique, dont le fût eft orné de cannelures interrompues par des fortes d'anneaux ou
bracelets. — Ces arceaux, d'une belle proportion,
plutôt légère que forte, laiffent apercevoir, dans leurs
entre-colonnements, un très beau veftibule.

Au milieu de ce veftibule & tout au fond, un très
beau portail au travers duquel je vois l'éclat du foleil

& le mouvement de la rue. Cela me fait un peu l'effet de ces vues dioramatiques dont l'effet est augmenté par l'obscurité de l'encadrement.

De chaque côté de la porte & aux deux extrémités du vestibule, deux escaliers magnifiques, animés par une foule de visiteurs ou de serviteurs de l'habitation.

Le premier étage est encore annoncé par un portique faisant une grande saillie sur le corps de logis, & portant à plomb sur celui du rez-de-chaussée. Des portes d'une grande richesse, surmontées de blasons, de cartouches & d'écussons de toutes formes, s'ouvrent de temps en temps, & laissent entrevoir, par des éclairs de dorures, la magnificence des appartements.

Deux ailes se retournent d'équerre, faisant un grand avancement dans les jardins, & présentent une double ligne fuyante de frontons cintrés & triangulaires d'un profil noble & vigoureux. — Plus en avant encore, & très rapprochée de moi, se trouve la grille qui termine de ce côté la cour & les jardins compris entre les bâtiments. — Cette grille est ravissante de dessin & d'arrangement. — Elle repose sur un soubassement de marbre d'un beau profil, & est interrompue, de distance en distance, par des espèces d'obélisques. Contre la grille & contre les obélisques rampent des vignes sauvages aux tons rouges &

orange, qui donnent de la valeur au premier plan & prêtent à l'enſemble un charme infini.

On m'a paru faire un uſage allant juſqu'à l'abus, des rideaux & des tentures devant toutes les entrées, ſoit de magaſins ſoit de cafés. Les égliſes en ſont moins exemptes encore. Ces tentures remplacent les portes, tout en laiſſant pénétrer l'air dans les intérieurs. Je ne puis apprécier juſqu'à quel point c'eſt commode; mais ce n'eſt pas beau, & j'ai trouvé que cela donnait un air paſſablement triſte aux cafés à cauſe de l'obſcurité que cela y répand.

Bien qu'en voyage on recherche plutôt les impreſſions riantes, ce n'eſt pas en Italie qu'un archi- tecte peut ſe diſpenſer de viſiter le cimetière. Le *Campo ſanto*, le lieu ſaint, n'eſt point, comme chez nous, une eſpèce de jardin ſans autres fleurs & ſans autres arbuſtes que les immortelles & les cyprès, & au travers lequel ſont diſſéminées les tombes.

Le *Campo ſanto*, en Italie, eſt tout autre choſe. Au lieu d'être un jardin, c'eſt un monument tout entier. A Turin, comme plus tard à Bologne, la diſ- poſition générale m'en a paru très heureuſe, pleine de convenance & de nobleſſe. Cette diſpoſition con- ſiſte en un certain nombre de portiques diſpoſés ſui- vant un plan régulier, & comprenant dans leur périmètre des efpaces de forme & de grandeur différentes. Chaque travée de ces portiques eft affectée à une fépulture, & varie de décoration. — Comme ce ne font que des familles riches qui achètent une travée, elles font toujours décorées avec toute la magnificence que peu permettre un tel lieu. — Les efpaces compris entre les portiques font affectés à la fépulture des gens du peuple, & tantôt ils font dallés d'une foule de petites pierres carrées qui indiquent autant de tombes, tantôt ils font comme femés de petits cubes prifmatiques pofés droits & avec une grande fymétrie, portant pour toute infcription le nom du défunt, & femblant là comme la trifte moiffon de ce champ funèbre. De diftance en diftance, dans des portiques réfervés, ou à l'interfection des galeries, font difpofés les monuments funèbres des perfonnages illuftres.

Un architecte devant tout obferver, je dois noter l'ufage que les reftaurateurs ont d'inftaller leurs établiffements fur les cours, & même très fouvent tout à fait au milieu des cours. — C'eft furtout à Milan que l'on peut obferver cela, &, franchement, quand on s'eft rompu aux habitudes du pays, que l'on s'eft *acclimaté*, on trouve toutes fortes de bonnes raifons qui juftifient cet ufage : la fraîcheur, l'efpace,

le plaifir d'être en plein air, quelque chofe qui ref-
femble au plaifir que l'on éprouve à dîner à la campagne, fous l'ombrage, plutôt que dans la falle même.

———————

10 *feptembre*. — De Turin à Milan, en faifant le
tour par le lac Majeur, il y a une excurfion délicieufe
à faire, & qui donnerait ample matière à celui qui
chercherait furtout les impreffions douces & pitto-
refques. Mais, réfervant *in petto* ces fortes d'impreffions, & économifant le temps d'écrire, je ne note
que les obfervations architectoniques.

A Novare, je retrouve les portiques, mais fi fombres & fi étroits, qu'ils me font prefque regretter de
les avoir trouvés agréables à Turin. — Quelques
détails, pourtant, vous font déjà fentir que vous
entrez plus avant dans l'Italie.

J'ai, par exemple, pour chambre à coucher, une
falle qui peut être prife pour type du genre. — La
pièce eft affez grande & parfaitement carrée. — Au
milieu, & perpendiculairement à la face contre laquelle s'appuie le chevet, s'avance le lit tradition-
nel, de deux grands mètres fur chacun des côtés. —
Les murs font peints à frefque fur tout le pourtour, à

l'aide de poncis & avec retouches pour jouer les clairs & les fombres. — Les papiers peints font très rarement employés. — La falle étant à un angle de la maifon, deux des faces font percées chacune de deux grandes croifées ; les deux plus rapprochées du retour d'équerre formé par les murs font reliées par un balcon circulaire ou à peu près, fupporté par des confoles & des reffauts en pendentifs d'un goût affez extravagant. — Pour peu qu'on effaie de s'y promener, on fe frotte à une foule d'écuffons en pierre accrochés pêle-mêle à l'angle & aux chambranles. Ces croifées & ces portes ferment régulièrement très mal, mais, à vrai dire, on ne s'obftine guère à les mieux fermer fous un ciel fi clément. — Au lieu de plafond, la pièce eft furmontée d'une voûte en arc de cloître avec des peintures d'un grand tapage, qui ne brillent point précifément par le deffin, mais qui ne manquent jamais d'une certaine entente de l'effet. Dans les angles de cette voûte, font de grands cartouches encadrant des vues du grand canal de la Giudecca, de la place St-Marc & de la Piazzetta qui, avec leurs débauches d'azur & d'ocre jaune, me font rêver toute la nuit de Venife, où je ferai dans quelques jours.

A Vercelli, vu la fameufe églife de St-André, bâtie

au commencement du xiiᵉ siècle. — Cet édifice, construit tout en briques, produit un grand effet pittoresque. — C'est un mélange assez curieux de style ogival & byzantin, & même un peu de ce gothique anglais que les gravures & les publications nous ont fait connaître à tous. — Aussi, deux des architectes anglais qui ont remporté des prix au concours pour une église chrétienne à Constantinople l'ont-ils prise, il y a deux ans, pour type de leur composition.

Les clochers, *campanile*, que j'aperçois de tous côtés, sur la route, me paraissent tous charmants. — Les plus simples se composent d'une tour carrée très élevée ; à la partie supérieure sont quatre arcades sous lesquelles sont placées les cloches. — Ces arcades sont accompagnées de pilastres qui forment les angles de la tour & sont surmontées de frontons. Au-dessus encore de ces frontons, & un peu en retraite du mur, s'élève habituellement un autre petit dôme dont le contour renflé donne à cette terminaison un petit air moscovite assez piquant. — La disposition si simple prise pour le placement des cloches est très ingénieuse, & permet, dans un espace excessivement restreint, de placer quatre & même cinq cloches : une sous chacune des arcades, & une cinquième au centre. — Ces cloches forment ainsi partie effentielle de la décoration, & leur vibration ne rencontre aucun obftacle. — Au-deffous des arcades, la tour carrée eft exceffivement fimple, & n'a pour décoration que des efpèces de chaînes d'angles formant pilaftres & reliés aux différents étages par des arcatures à la façon de l'architecture romane.

12 *feptembre*. — L'Ifola-Bella, tant vifitée, tant vantée, eft plutôt un monument d'architecture qu'autre chofe. — Les pierres y ont plus fait que la verdure, &, franchement, ce n'en eft pas plus beau pour cela. — J'avoüe que j'ai été tout myftifié, après les exagérations poétiques auxquelles cette île a donné lieu, de trouver tout cela très peu amufant.

Selon Simond, l'Ifola-Bella, vue de loin, préfente l'idée d'un énorme pâté de Périgord, garni de têtes de coqs de bruyère & de perdrix. — Je ne fais fi cette appréciation gaftronomique, que j'avais lue dans mon Guide, a gâté la chofe, mais il ne me fut pas poffible de partager l'admiration des touriftes, s'extafiant devant toutes ces jolies chofes.

2

Le palais des Borromée, dont la devife *Humilitas*, écrite partout, ne contrafte pas mal avec l'afpect théâtral & prétentieux de cet enfemble, occupe la plus grande partie de l'île; il fut bâti en 1670. — Ce que j'y ai vu de plus faillant, ce font les vaftes & nombreufes falles du rez-de-chauffée, dont la décoration de tous les murs & même du fol confifte en incruftations de pierres de diverfes couleurs dans le mortier. — Ce motif de décoration eft charmant, & je l'ai vu employé, toujours avec bonheur, dans plufieurs autres circonftances. — C'eft avant d'arriver à l'Ifola-Bella que l'on voit la ftatue de faint Charles-Borromée, en bronze pour la tête & les mains, & en cuivre battu pour le refte.

Tout le monde fait que quatre ou cinq perfonnes peuvent très bien faire la converfation dans fa tête, & qu'on peut fe donner le plaifir de s'affeoir dans fon nez. — Je n'ai point été tenté de me donner cette fatisfaction : les chofes trop coloffales me caufent habituellement plus d'effroi que de plaifir.

13 *feptembre*. — Près de Varèfe. — Jolis jardins & parcs, portiques de verdure d'un très bel effet.

MILAN, 14 *septembre*. — Ville riche & élégante. — Grand nombre de palais. — Ce dont je suis continuellement frappé dans toutes les villes d'Italie, c'est l'aspect monumental en même temps que pittoresque qu'elles présentent. Ainsi, à Milan, je trouve une foule d'endroits dont la décoration semble toute faite pour charmer les yeux d'un architecte. — La place *San Fedele* est un de ces endroits, & l'hôtel de *la belle Venise* y paraît tout justement placé pour offrir au voyageur un point de vue commode. — A l'une des extrémités de la place, & à peu près dans l'axe, s'élève la façade de l'église San Fedele, construction du XVe siècle, charmante de dessin & de proportion. — Tout près de là, l'ancien palais Marini, superbe monument occupé par la douane, qui doit être bien surprise de se trouver dans un si beau lieu, bien plus fait pour recevoir la noble assemblée de quelque illustre famille des Visconti ou des Sforza, que pour servir de bureau & d'entrepôt de marchandises.

L'église & le palais sont séparés seulement par la largeur d'une rue, dont la déviation, par rapport à l'axe de la place, paraît faite exprès pour faciliter la vue de la maison *degli Omenoni*, ainsi nommée à cause de six figures d'hommes colossales & traitées d'une

manière michelangefque, qui en décorent majef-
tüeufement l'entrée. — C'eſt la maiſon & l'ouvrage
du ſculpteur-architecte Lione-Lioni, qui ſe conſtrui-
ſit, à grands frais, cette belle demeure en 1607.

Les autres maiſons qui complètent la place, ſans
avoir la même importance, ſont d'un aſſez joli aſpect.
— Ajoutez à cet enſemble monumental un dallage
régulier qui donne à la place une ſorte d'apparence
de veſtibule grandioſe ; verſez ſur l'enſemble une lumière chaude & brillante ; faites découper la ſilhouette
des monuments ſur un fond bleu ſolide & inaltérable, & vous aurez l'idée d'une des jolies places de
Milan.

L'hôpital de Milan eſt une des plus importantes &
des plus belles conſtructions de ce genre. Il eſt prefque tout entier en briques, à l'exception du portique de la délicieuſe cour due au peintre-architecte
Richini.

Ce bâtiment a été fait en diverſes époques ; mais,
la plus grande partie & la plus intéreſſante eſt de la
fin du xvᵉ ſiècle. Autour des croiſées règnent des
rinceaux de fleurs & de fruits avec mélange de petites figures d'anges, & dans les tympans formés par
la rencontre des arcs, ainſi que dans les larges fri-
ſes qui indiquent la ſéparation des étages, ſont des

médaillons à figures. — Tout cela toujours en briques moulées & d'un goût parfait. — C'eſt ce que j'ai vu de plus complet dans ce genre.

La cathédrale, le fameux *Duomo*, ne permet guère une appréciation auſſi rapide que celle d'une note de voyage. Tout a été dit ſur ce célèbre monument, qui a ſervi de type à tant d'autres édifices dans le reſte de la Lombardie. Il ſerait injuſte, en face de tant de merveilles, de s'arrêter trop au mélange un peu incohérent de croiſées & de portes d'architecture romaine, dont Pellegrini, ſurnommé Tibaldi, ſe ſervit pour compléter la façade, & que l'on conſerva à cauſe de la richeſſe de leur ornementation, lorſqu'en 1790 on ſe décida à revenir au gothique pour cette façade. — C'eſt un détail qui ſe perd dans l'enſemble, & l'on répètera toujours que cet enſemble eſt admirablement beau. — Le trait caractériſtique de la façade du dôme de Milan, c'eſt ſa terminaiſon en un ſeul grand pignon triangulaire. Cette terminaiſon, aſſez commune aux égliſes lombardes, donne à l'enſemble beaucoup d'unité & riſquerait même de paraître un peu ſimple. — Mais, quelle animation, quelle légèreté, quelle grâce ne viennent pas lui donner ces mille ſaillies de contreforts, de colonnes, de pyramidions, d'aiguilles de toutes ſortes!

Le dôme de Milan eſt un de ces édifices qu'il faut abſolument avoir vus pour les apprécier complètement. — Les gravures ou les deſſins que nous en avons nous donnent bien l'aſpect général & peuvent même bien nous permettre d'apprécier, juſqu'à un certain point, la beauté ou la fineſſe des détails ; mais quand, ſortant, par exemple, de viſiter les nefs calmes, ſombres & impoſantes de l'intérieur, on revoit cette façade, toute en marbre d'un blanc éblouiſſant, ſe découper, avec ſa forêt d'aiguilles & ſon monde de ſtatues, ſur l'azur indeſcriptible du ciel, on eſt ébloui, on admire, & l'on en a pour ſa vie à ſe ſouvenir d'un ſi beau ſpectacle.

On ne m'a point paru embarraſſé, en Italie & notamment à Milan, pour l'emplacement des ſacriſties, cet embarras continuel, ce hors-d'œuvre dans preſque toutes nos égliſes françaiſes. — Les artiſtes italiens n'ont pas tâtonné comme nous le faiſons & ont pris un parti bien franc, c'eſt de les établir au-deſſous du chœur. — Le chœur eſt élevé d'une douzaine de marches ; on en deſcend autant, ce qui ne vous met guère au-deſſous du ſol de la rue, puiſque l'on a généralement eu à monter quelques marches au-devant du portail, & l'on a une ſacriſtie ſpacieuſe, bien éclairée, & qui ne gâte en rien la ſimplicité du plan & la régularité des lignes extérieures. — Quoi de plus fimple & de plus applicable?

C'eſt à Milan furtout que l'on peut remarquer la bonne difpofition des dallages pour la circulation des voitures, difpofition commode autant que jolie & que j'ai déjà notée à propos de Turin.

PAVIE, 17 *feptembre*. — Vifite à la célèbre Char-treufe. — Si jamais crimes purent être expiés un peu par des libéralités en faveur des beaux-arts, il a dû être remis une partie des fiens à Jean-Galéas Vifconti, pour avoir élevé à fes frais ce monaſtère, le plus fplen-dide du monde probablement. Quand on a trop à admirer, on a d'autant moins le temps de prendre des notes, & c'eſt ce qui m'eſt arrivé. — Par com-penfation, je prends une foule de croquis de chofes intraduifibles autrement. — Au retour de cette ex-curfion, les yeux, prefque fatigués de tant de magni-ficence, fe repofent avec plaifir fur ces beaux champs de la Lombardie, fillonnés de canaux diſtribués avec une grande fcience, limités par de beaux arbres plantés avec régularité, & coupés avec fymétrie par des chemins & des fentiers de verdure qui m'ont laiffé obftinément l'idée de bandes de velours encadrant une riche moquette.

— — — —

VERONE. — Vérone n'eft pas une des villes les plus vifitées, mais elle mérite de l'être, à toutes fortes d'égards, & par les architectes & par les peintres, qui oublient un peu trop, les uns que c'eft la patrie de Vitruve, & les autres que c'eft celle du fameux colorifte qui en a confervé le nom. — Il eft vrai que le Véronèfe eft plus connu à Venife que dans fa patrie, & que le fouvenir de Vitruve a été détrôné par celui de Michele San-Michelli.

San-Michelli, ingénieur & architecte, fut, par fon favoir & fes talents, l'un des plus habiles entre cette pléiade de grands artiftes qui marquèrent le commencement du XVIe fiècle.

On eft faifi vraiment d'une profonde admiration pour le génie de cet homme qui, après avoir con-

ftruit, pour divers gouvernements, tant de forterée-
fes & de places fortes qui atteftent fes connaiffances
pratiques dans l'art des fortifications, éleva encore
pour les feigneurs de fi beaux palais où fon goût
brille encore plus, &, parmi ces derniers, on ne peut
qu'admirer à Vérone les palais Bevilacqua, Canoffa,
Pompeï, Verzi & Pellegrini. Il fit encore à Vérone
ces magnifiques portes dont l'enfemble architectural eft fi beau, fi bien entendu, qu'il femble difficile
de rien voir de plus parfait dans ce genre.

Une des chofes dont je me fouviens avec le plus
de plaifir, dans cette ville, c'eft la remarquable difpofition de la Piazza de' Signori. Les efpaces laiffés par les rues entre les maifons ou palais divers
qui entourent cette jolie place font franchis par de
grandes arcades qui, fans interrompre la circulation,
continuent fur les quatre faces la décoration archi-
tecturale. Cette idée fi fimple, fi applicable dans
une foule de circonftances, donne à la place une
phyfionomie d'élégance & de régularité, fans rien
fortir du pittorefque.

C'eft fur cette place que l'on voit encore la demeure des Scaliger. Prefque au centre fe trouve le
palais du Confeil, jolie conftruction du XVe fiècle,
précédée d'une loge délicieufe dont le couronnement

eft décoré de ftatues d'hommes célèbres nés à Vérone, tel que Pline le Jeune, Catulle, Macer, Cornélius Népos.

Un trait caractériftique de Vérone, ce font les peintures à frefque dont font décorées plufieurs façades de maifons.

VICENCE. — A Vicence, belles conftructions & en grand nombre. On fent bien là la patrie des Palladio & des Scamozzi. C'eft dans cette ville monumentale que l'on peut étudier à fond & apprécier le génie de ces deux fameux architectes, & Vafari n'a pas trop exagéré en difant que Palladio a élevé une telle quantité d'édifices à Vicence & dans les environs, qu'ils fuffiraient pour conftruire une ville importante. Comme on peut en juger par les deffins qu'il a laiffés lui-même de fes ouvrages, Palladio abufe un peu trop, dans fes compofitions de plans, des figures géométriques, & fes maifons de campagne ont quelque chofe de prétentieux & de peu avenant ; mais fes palais, à coup fûr, où fon goût pour les effets grandiofes pouvait s'appliquer plus à propos, font remarquablement beaux.

L'ouvrage le plus important de ce maître à Vicence eft le palais de la Commune, édifice du Moyen-Age, mais dont la reftauration ou pour mieux dire la reconftruction fut le fujet d'un concours entre Palladio & Jules Romain. Ce fut le projet de Palladio qui obtint la préférence, & l'on doit convenir que le réfultat en eft d'un effet admirable. Comme on le penfe bien, Palladio ne fe mit guère en peine de faire fa reftauration dans le ftyle de la conftruction primitive. Les grands architectes des XVe & XVIe fiècles ne fe piquaient point d'être fi entichés archéologues que nous, & ne croyaient point manquer à l'art en accolant à de gothiques conftructions des façades dans la compofition defquelles ils laiffaient librement aller leur génie auffi loin qu'il pouvait aller.

Vifité le fameux théâtre olympique, dernière œuvre de Palladio, & où il chercha à rappeler les difpofitions antiques. J'avoue que j'ai eu beau faire appel à mes fouvenirs claffiques, cette œuvre m'a caufé un plaifir médiocre. — Le mauvais choix de l'emplacement, l'air abandonné de la falle, difpofent mal à l'appréciation de cette difpofition antique trop en dehors de nos mœurs. Il femble que, pour en avoir le fens, il faudrait pouvoir y affifter à la repréfentation d'une pièce de Sophocle ou d'Euripide. — Il eft jufte de ne pas oublier, pour tenir compte de tout le mérite de Palladio dans cette conftruction, que c'eft deux fiècles avant la découverte des théâtres de Pompeï qu'il l'éleva.

MANTOUE. — Le duc de Gonzague aurait raifon de dire encore : « Mantoue n'eft pas ma ville, mais celle de Jules Romain. » Mantoue eft pleine encore du fouvenir de ce célèbre artifte, & l'on n'eft pas plus tôt arrivé que l'on court au palais du T, fon œuvre principale. — Bien que compofé d'un feul étage, c'eft une conftruction d'une belle tenue, & la difpofition des falles eft furtout fort bien entendue.

Comme Jules Romain en était à la fois l'architecte & le peintre, il n'a pas manqué de fe laiffer un vafte champ pour fes compofitions picturales, & nulle part on ne peut mieux apprécier fon talent. — Ses compofitions, pleines de hardieffe & d'imagination,

plaifent pourtant moins peut-être qu'elles n'éton-
nent. — On a quelque peine à voir là l'œuvre de
l'élève favori de Raphaël, tant le genre de ces deux
maîtres eft différent. — La falle de bains & la petite
loge qui eft près de là, toutes deux gracieufes &
charmantes, font exception.

La falle la plus remarquable eft celle dite *des Géants*.
— Ce n'eft pas, vraiment, que cette falle foit très
grande, mais c'eft d'une fougue & d'une originalité
fans pareilles : jamais on ne vit pareille confufion.
— Il n'y a ni commencement ni fin. — C'eft bien
une réunion titianefque, où toutes chofes font tellement hors de notre proportion, que l'on a peine à
fe reconnaître dans ce pêle-mêle de héros & de demi-
dieux. — Le pavé lui-même, ainfi que les foubaf-
fements des murs, font compofés de petits cailloux
ronds, deftinés à compléter l'afpect terrible de l'enfemble.

En traverfant la cour du palais, j'ai remarqué une
fingularité dans l'appareil. — Cet appareil eft tracé de
telle manière, que les claveaux ont l'air d'avoir baiffé
& les frontons de s'être défunis. — Cela m'a paru tout
fimplement une faute de goût que Jules Romain a
commife, tout grand artifte qu'il fût.

On voit avec intérêt, dans la *via Larga*, la maifon

de Jules Romain, conſtruite pour lui & par lui. C'eſt une petite conſtruction pleine de diſtinction dans ſon enſemble & de grâce dans ſes détails.

Le rez-de-chauſſée eſt percé de fenêtres aſſez petites & appareillées avec de forts claveaux. — Il ſervait pour les dépendances, & ne forme guère qu'un fort ſoubaſſement au-deſſus duquel s'élève le premier étage, *il piano nobile*, où Jules Romain a reporté toute ſa magnificence. — Il eſt compoſé de grandes arcatures dont les claveaux vont en s'agrandiſſant à meſure qu'ils s'approchent du ſommet de l'arc, ſi bien que celui qui forme la clé arrive à avoir quelque choſe comme deux mètres de hauteur. Dans ces fortes arcatures ſont diſpoſées de jolies croiſées à frontons triangulaires, ornées de ſculptures délicates & gracieuſes qui font une oppoſition charmante avec leur entourage robuſte. — Cet étage eſt ſurmonté d'un très riche entablement, dont la friſe eſt remplie de médaillons alternant avec des têtes de victimes ſupportant des guirlandes de fleurs & dont la corniche eſt enrichie de modillons d'un beau deſſin, d'oves & de raies-de-cœur qui font du plus brillant effet. — La croiſée du milieu eſt remplacée par une niche décorée d'une ſtatue antique de Mercure. — Preſque en face de cette gracieuſe maiſon eſt le palais de . . . . .

qui fait un contrafte frappant avec elle. — Les pro-
portions coloffales, les figures d'hommes mufclées
& un peu farouches, les confoles mouvementées,
les profils hardis des moulures & de la corniche,
tout fait retrouver la fougue & l'invention du grand
artifte.

Dans la bafilique S.-Andréa, j'ai remarqué la
curieufe difpofition du tombeau de P. Strozzi par
l'immanquable Jules Romain. — Quatre cariatides
fupportent un riche farcophage, mais ces figures,
au lieu d'être placées exactement en face les unes
des autres, font placées de manière à ce que la bafe
qui les fupporte & les corniches qui font au-deffus
de leurs têtes forment en plan un parallélogramme-
biais à deux angles aigus & deux angles obtus. —
C'eft une forte de perfpective figurée avec le marbre. — Je ne fais jufqu'à quel point cet effet, un peu
théâtral, eft juftifié; mais, à défaut d'être académique, il eft certainement d'un effet pittorefque faifif-
fant.

PADOUE. — Remarquable difpofition de la
place *il Prato della Valle*, dont on pourrait tirer un

parti délicieux, & qui, telle qu'elle eſt, ne laiſſerait rien à déſirer ſi les maiſons qui forment l'entourage de la place étaient plus monumentales. — C'eſt un eſpace circulaire avec ſquares & compartiments un peu géométriquement tracés, où les bancs, les pié-deſtaux, les ſtatues & les candélabres, tout ce que l'on trouve habituellement dans les lieux élégants de pro-menade, ſe marient à merveille aux gazons frais & aux arbuſtes vigoureux ; mais, ce qui donne ſurtout à cette place une grâce & un cachet tout particuliers, c'eſt qu'elle eſt complètement entourée d'un foſſé rempli d'une eau tranſparente qui donne à l'enſemble une fraîcheur inaltérable. — Des ponts d'un joli deſ-ſin, ornés de baluſtrades en marbre & de grandes ſtatues, traverſent cette ſorte de petite rivière & met-tent en communication la partie extérieure de la place avec ce jardin qui en forme le centre. De chaque côté de la rivière, & avec une profuſion qui étonnerait partout ailleurs qu'en Italie, ſont placés de hauts pié-deſtaux de ſtatues repréſentant les hommes dont Pa-doue s'honore. Ces ſtatues alternent avec de beaux arbres, &, bien qu'elles ne ſoient que d'une exécu-tion aſſez médiocre, leur ſilhouette produit un admi-rable effet dans l'enſemble.

C'eſt à Padoue qu'eſt la fameuſe égliſe de St-An-

toine, de ce faint, mort à trente-fix ans, & qui,
dans cette ville, eft un peu plus que Dieu, à en juger
par l'admiration & la vénération profondes dont il eft
l'objet. — Auffi la merveille de l'églife du Saint, *del
Santo* (fi intéreffante, du refte, à tant d'autres titres,
pour un architecte), eft la chapelle où eft fon autel.

L'architecture de cette fameufe chapelle eft de
Sanfovino, & l'on retrouve dans cette œuvre, comme
dans toutes celles de cet artifte célèbre, l'élégance &
la fécondité d'invention.

De même que faint Antoine, à Padoue, eft bien
plus qu'un faint, on lui a fait bien plus qu'une chapelle. C'eft un affemblage, d'une richeffe extrême, de
marbres, de bronzes, de fculptures, de dorures, de
lampes d'argent & d'or, & d'incruftations en pierres
précieufes, & tout cela arrangé avec tant de goût, que
l'œil ébloui n'arrive jamais à la fatigue, & qu'on finit
par s'arranger fi bien de cette magnificence, qu'il ne
paraît y avoir rien de trop.

En face de la chapelle de Sanfovino eft une autre
chapelle dédiée au Saint, mais beaucoup plus ancienne. — Le caractère en eft grave & fimple & tout
empreint d'un fentiment archaïque que rend plus
frappant encore l'oppofition de la chapelle faftueufe
qui lui fait face.

La compofition de l'autel eft d'un deffin parfait.
Il eft élevé de fept marches au-deffus & eft compofé
d'un bloc de marbre portant d'un côté fur le plafond qui termine la rampe, & de l'autre fur deux colonnes qui defcendent jufqu'à terre.

Le gradin eft furmonté de quatre petites figures
de tournure byzantine, au milieu defquelles, & d'une
plus grande proportion, eft celle de la Vierge portant
l'Enfant Jéfus. — Des peintures graves & naïves tout
à la fois & d'un deffin bien élégant pour l'époque
(1376) couvrent toutes les parois de la chapelle &
forment un fond très harmonieux.

VENISE, 25 feptembre. — L'entrée à Venife a
tout le folennel & le myftérieux qu'on attend de cette
ville étonnante. — Dans mon premier voyage (en
1848), j'y étais arrivé au milieu du jour, avec les
éblouiffements du foleil, les éclats argentés des cou-
poles & le miroitement des eaux. Cette fois, j'y fuis
arrivé le foir, à 11 heures, par une nuit épaiffe, &

j'ai trouvé que c'était encore plus beau. Rien de fan-
taſtique comme cette courſe entre le débarcadère &
l'hôtel. On dirait d'un catafalque élégant qui eſt venu
vous prendre pour vous faire faire la promenade la
plus étonnante, à travers quelque royaume d'ombres
& de chimères.

Il n'eſt pas préciſément juſte de dire que ce ſoit
triſte. — C'eſt plus que cela ; c'eſt quelque choſe de
ſiniſtre & de myſtérieux qui vous laiſſe à peine la
faculté de penſer. — Pas le moindre bruit, ſi ce
n'eſt de temps à autre le clapotement de la rame &
le cri guttural du gondolier ; pas de forme ſaiſiſſa-
ble non plus à cette heure. Le reflet huileux de l'eau,
ſur laquelle de rares réverbères ou la lumière d'une
croiſée entr'ouverte jettent quelques paillettes de feu,
quelque robuſte ſoubaſſement à boſſages diamantés,
quelque angle de palais entrevu au détour d'un canal,
quelque lueur lointaine & fugitive, c'eſt tout ce qu'on
peut ſaiſir. — On regarde & l'on ne comprend pas. —
On comprendrait encore bien moins, ſi l'on vous
diſait que le lendemain cette ville ſi ſombre vous
paraîtra, au ſoleil, brillante, pittoreſque & radieuſe.

Mais, là encore, il faut laiſſer les impreſſions &
courir aux choſes d'architecture. Ces dernières ſont
elles-mêmes par trop nombreuſes, & je déſeſpère de

pouvoir garder un souvenir ou un croquis de tout ce qui m'a frappé.

En visitant cette ville extraordinaire, j'ai trouvé trois types bien tranchés dans son architecture.

Le premier de ces types est le style ogival dont le palais des Doges, la célèbre Ca-Doro, les palais Foscari, Giustiniani, & tant d'autres qui bordent le grand canal, peuvent être pris pour les spécimens: — Les vues de Venise ont rendu familière cette architecture, qu'on pourrait appeler à la fois gothique, sarrasine & mauresque. Dans le plus grand nombre des palais de ce style, la partie centrale est occupée par des arcatures rapprochées, supportées par de légères colonnes. — La courbe de l'ogive en tiers-point, trilobée & relevée à son sommet, est enfermée dans des sortes de cadres à moulures déchiquetées & dont les angles sont remplis par des à-jour ou des applications de marbres. — Dans les palais plus élégants, cette sorte d'encadrement est remplacée par des cintres quadrilobés qui se raccordent avec les ogives des croisées & forment au-dessus d'elles une espèce de guipure d'une grande richesse. — De chaque côté de ce riche milieu sont des parties plus lisses, sur lesquelles se détachent encore une ou deux fenêtres isolées. — Devant chaque fenêtre, des balcons aux baluftres en forme de colonnettes. — Aux angles, de groffes torfades en pierre. — La partie fupérieure eft animée par des découpures fingulières, mifes là en forme d'acrotère, par des aiguilles qui alternent avec elles, & par les tuyaux de cheminées évafés en turban.

Le deuxième type eft plus fpécial encore à Venife; c'eft une forte de Renaiffance à laquelle l'influence byzantine & le goût oriental ont imprimé un caractère tout particulier.

L'ornementation y prend une importance très grande. L'emploi des marbres variés, l'ufage des frontons cintrés, lors même que la difpofition des toits ne les motiverait pas parfaitement, les perfpectives figurées avec les matériaux, la fineffe & la grâce des détails, tout cela a un air fi remarquable d'originalité & d'élégance, que l'on peut prendre ce type comme un ftyle à part dont nous n'avons rien qui nous donne une idée en France. — Auffi la famille des Lombard, Pierre, Martin, Antoine, Moro-Tullio, Sante, tous architectes & fculpteurs, fe rendit-elle juftement célèbre par ces productions dont elle fembla avoir le monopole.

On ne peut trop louer, dans ce ftyle, *la fcuola S.-Marc* & *la fcuola S.-Roch*, fi pleines d'inventions,

38

de verve & de grâce. — Ces *fcuole* n'étaient autre
chofe que les lieux de réunion de corporations diverfes, fortes de clubs d'alors où l'ampleur des propor-
tions, la beauté des falles, la profufion des peintures
allaient bien au-delà de ce mefquin comfort dont
nous paraiffons faire parade.

J'admire, entre mille autres chofes, à la fcuola
S.-Marc, l'ajuftement de la partie inférieure des colonnes. — Ces colonnes font d'ordre compofite.
Leur bafe repofe fur une forte de piédeftal circulaire,
chargé de riches fculptures ou orné de cannelures tor-
fes. Le diamètre de ce piédeftal n'eft pas de beaucoup
fupérieur à celui de la colonne, & fon chapiteau fe
confond avec la bafe de la colonne; de forte que,
pris dans leur enfemble, colonne & piédeftal paraiffent ne faire qu'un. — Le piédeftal paraît feulement
une continuation plus forte & plus riche de la colonne; la bafe véritable eft au bas du piédeftal &
porte fur un focle carré ou fouvent taillé à facettes,
peu élevé & orné encore de fculptures en bas-relief.

Dans ce même ftyle, Ste-Marie-des-Miracles eft
un bijou pour moi; l'intérieur & l'extérieur de cette
petite églife font complètement fatisfaifants. — Tout,
architecture, fculptures & peintures, eft de la main
de Pierre Lombardo, le chef de cette école. Je ne me

consolerai pas vite d'avoir bêtement laiſſé tomber dans le canal ou oublié dans ma gondole l'album où j'avais pris pluſieurs deſſins de ce joli monument.

Le troiſième type d'architecture, à Veniſe, eſt le retour au ſtyle antique, & a pour maîtres :

Jacopo Sanſovino, ce célèbre ſculpteur qui, après s'être illuſtré à Florence & à Rome, fut appelé par la république de Veniſe, pour prendre la direction de tous les grands monuments : la bibliothèque élevée ſur la Piazzetta, l'eſcalier des Géants au palais des Doges, les *fabbriche nuove* du Rialto ſont de ſes ouvrages. — San-Michelli, qui, après avoir rempli Vérone de palais, vint à Veniſe rebâtir la fortereſſe du Lido & élever des palais, tels que ceux de Cornaro & Grimani, qui ont mis le comble à ſa réputaion. — Antonio da Ponte, le rival heureux de Scamozzi, dans la conſtruction du pont de Rialto.

Baltazar Longhena, architecte du palais Peſaro, architecture toute patricienne avec ſon ſoubaſſement diamanté de la hauteur de deux étages, ſes colonnes ſaillantes & vigoureuſes, & ſon luxe décoratif de caſques, d'armes & de panaches ; auteur auſſi de Santa-Maria della Salute, qui, malgré quelque lourdeur, forme une des plus ſplendides perſpectives de Veniſe. Enfin Palladio & Scamozzi, qui ont élevé à Veniſe

quantité de palais & d'églifes. — Parmi ces dernières, St-Georges-Majeur & le Rédempteur font les plus
vantées. — Toutefois, malgré la valeur des œuvres
de Palladio & le preftige de fon nom, j'avoue que fes
églifes ne parviennent pas à me plaire. — J'aime infiniment mieux fes maifons à Vicence que fes églifes à
Venife.

A part ces trois types principaux d'architecture
vénitienne, on rencontre une foule de monuments
de ftyles tous différents, parmi lefquels S.-Mozé &
Santa-Maria-Zobenigo m'ont paru des productions
très capricieufes.

Santa-Maria-Zobenigo furtout m'a charmé par la
fougue de l'invention & le caprice de l'arrangement.
On appelle cela ici le genre baroque, ce qui correfpondrait à notre rococo. — Le mot rococo eût été
bien froid, en effet, pour exprimer une architecture
auffi violente, auffi fuperbe, auffi *truculente* pour em-
ployer l'expreffion de Théophile Gauthier qui a con-
facré une jolie page à la defcription d'une de ces façarde
des. — Du refte, l'intérieur de ces églifes eft exceffivement fimple comme difpofition de plan. C'eft un
carré à peu près parfait, fans divifion de nefs.

Au fond, trois chapelles fe terminent carrément, &
de chaque côté un riche autel.

Les rues font laides & défagréables. — Trois ou quatre feulement peuvent fervir à la promenade. — Les canaux font les voies naturelles de communication, & c'eft fur leurs rives que font les belles conftructions. Les petits ponts qui traverfent ces canaux font généralement d'un jóli deffin, fimple & pittorefque. — C'eft merveille de les voir s'élancer d'une rive à l'autre avec leur courbe gracieufe & leur écuffon à la clé, & prendre mille formes diverfes motivées par la rencontre des rues où ils aboutiffent.

J'ai noté que les rues étaient généralement laides; mais en revanche elles font, dans leur tracé, d'une bizarrerie étonnante à défefpérer un ingénieur & un voyer. — Il n'y a pas moyen de faire cinquante pas en ligne droite. — Les rues, les ruelles, les portiques, les fous-portiques fe croifent, fe mêlent, s'enjambent de la façon la plus inextricable, & l'on ne comprend pas qu'on puiffe jamais parvenir à fe diriger à coup fûr dans un femblable labyrinthe.

Heureufement pour les étrangers, l'édilité a prévu le cas, & des bandes étroites & blanches ont été pofées à droite & à gauche fur le pavé des rues principales. En fuivant ces efpèces de rails, on eft toujours ramené à la place St-Marc, qui eft l'éternel rendez-vous à Venife.

Venife eft une ville qu'il faut fe hâter de voir : fon exiftence eft trop anormale pour ne pas rifquer d'être prochainement & profondément modifiée. —Quelque compagnie trouvera probablement fuperbe, quelque jour, de combler fes canaux, d'élargir fes rues & de mettre de l'afphalte fur les quais. — Ce fera infiniment plus commode, mais ce ne fera plus Venife.

Déjà une certaine quantité de canaux ont été comblés ; ils font défignés par la dénomination de *Rio Terra*, & déjà un pont fufpendu, un affreux pont en fer & en fonte, eft venu fur le grand canal faire injure au fameux pont Rialto.

FERRARE. — Ferrare eft une ville de monuments aufli bien qu'une ville de poètes. — On fent que les feigneurs de fa cour brillante du Moyen-Age comprenaient que les arts & les lettres étaient frères & fœurs, & qu'ils favorifaient les uns & les autres. — Mais, actuellement, l'herbe poufle dans les rues devenues trop fpacieufes, & la ville a beau refpirer une

forte de grandeur & de magnificence de cour, en for-
tant de Venife, tout cela paraît paffablement trifte.

BOLOGNE. — Le plan de cette ville a lui-même
quelque chofe de très particulier, & nos voyers de-
vraient bien s'en infpirer un peu pour fortir de cet
éternel & fatigant damier qu'ils femblent tant affec-
tionner, fous prétexte de commodité pour le tracé
des villes.

Prenant le plan dans fon enfemble & laiffant de
côté les rues fecondaires, qui font comme les veines
qui portent la vie & le mouvement dans toutes les
parties & qui ont toujours, furtout dans le centre,
une confufion inévitable, voici quels en font les traits
principaux. — Jufte dans le grand axe & au milieu de
la ville une grande & large rue. Cette rue ne traverfe
pas la ville d'un bout à l'autre ; elle s'arrête là où com-
menceraient les faubourgs, & à cette diftance, elle
aboutit de chaque côté à une forte de carrefour où
viennent fe rencontrer une quantité de rues larges

auffi, mais obliquement difpofées par rapport à la rue principale, fi bien qu'elles ont tout l'air de venir prendre là leur part de vie & d'animation pour la porter directement dans les quartiers les plus retirés.

Bologne eft la ville des portiques, tout le monde le fait, & pour qu'elle ne manque pas à fa réputation, on en a fait un, par une forte de foufcription volontaire, qui n'a pas moins de 635 arcades.

Le théâtre de Bologne eft le plus beau que j'aie vu. — Je parle de l'intérieur, car l'extérieur n'a rien du tout de remarquable.

Il eft d'ufage, en Italie, de difpofer la falle toute en loges : ce font de petits falons où chacun s'inftalle comme chez lui, lit fon journal, fait fa correfpondance, caufe d'affaires & reçoit fes vifites. — Cette difpofition n'eft point du tout propre à embellir ni à animer la falle, car elle amène une forte de monotonie dans la décoration, & elle fupprime en grande partie la vue de l'affemblée même des fpectateurs, qui eft habituellement chez nous la décoration principale. — Mais au théâtre de Bologne on a paré à l'inconvénient de cette monotonie par un parti très habile. — On a difpofé au-devant de chaque loge des efpèces de balcons faifant faillie fur la falle & décorés le plus richement du monde, qui permettent aux spectateurs de s'avancer hors de la loge, & qui à eux seuls, du reste, constituent une décoration excessivement distinguée.

Les tours penchées ne manquent pas en Italie, &, en examinant bien attentivement, je puis dire que je n'en ai guère trouvées de parfaitement droites. — Mais nulle part on ne voit de démanchements & de dévergondage semblables à ceux des fameuses tours de Bologne. — Elles m'ont fait absolument, comme à Stendhal, l'effet de deux buveurs revenant de la barrière.

On vous raconte, comme toujours, une foule d'histoires sur la construction de ces tours. — La plus répandue est celle-ci.

Deux seigneurs voisins étaient en rivalité. — L'un d'eux voulut élever sa tour en l'inclinant du côté de son voisin, comme pour le dominer & le protéger; l'autre, renchérissant sur ce tour de force, continua d'élever sa tour & voulut la construire en colimaçon, de manière à entourer celle du seigneur son voisin & l'étreindre ainsi dans ses murs. — On ne sait pas quelles circonstances les empêchèrent de continuer ce beau jeu. — Il serait peut-être bien facile de le savoir en prenant quelques mesures, & l'on verrait que c'est tout simplement parce que c'était impos-

fible. — Mais il eft convenu que nous gâtons toujours tout avec nos mefures & nos chiffres, & je me
fuis bien gardé de montrer la moindre incrédulité
au cicerone qui nous débitait ce conte fuperbe.

Je crains bien que quelque jour la folie de ces ex-
cellents feigneurs voifins ne coûte cher aux Bolonais.

Ôn a déjà noté quelques variations ; l'inclinaifon
de l'une des tours n'eft pas moindre de trois grands
mètres, & quelque tremblement de terre ou quelque
affaiffement femblable à celui qui l'a occafionnée
pourrait bien un jour jeter la tour fur les maifons voifi-
nes. — En attendant, & pour fuir le vertige que cette
vue me donne, je me réfugie au mufée de l'Acadé-
mie des Beaux-Arts, où la trinité des Carrache, Fran-
cia, L'Albane, & la Ste-Cécile de Raphaël me caufent infiniment plus de plaifir que cette architecture
de caffe-cou. — Je vais enfuite à l'églife Ste-Pétrone,
patron de la ville, demander à voir les deffins que l'on
y conferve des feize architectes qui ont concouru pour
l'achèvement de cette églife, & parmi lefquels je remar-
que, avec le plus grand étonnement & le plus grand
plaifir, ceux de Palladio, de B. Peruzzi, de Jules Romain & de Vignole.

FLORENCE, 4 *octobre*. — L'entrée à Florence a quelque chose de solennel & d'imposant, qui vous saisit d'autant plus que l'impression est déjà toute préparée par les souvenirs que l'esprit évoque en approchant de cette ville célèbre.

Les noms les plus illustres, & parmi lesquels ceux des architectes n'occupent pas la moindre place, se présentent en foule à la mémoire, & il ne faut pas beaucoup d'effort d'imagination pour se figurer Florence au moment de sa splendeur. — Tout y paraît être encore comme au temps de Dante & de Michel-Ange.

Les Guelfes & les Gibelins y retrouveraient intactes leurs habitations, dont la forme des créneaux, ou carrés ou découpés en deux oreillons, fait reconnaître le parti auquel leurs possesseurs appartenaient. Les Médicis pourraient tenir leur cour dans le magnifique palais que leur bâtit Michelozzo Michelozzi, dans la *Via larga*. Marsile Ficin, Pic de La Mirandole & Pomponio Leto pourraient encore discuter paisiblement sur les arts en gravissant la rampe embaumée de Fiesole, au haut de laquelle ils trouvaient le Magnifique empressé à leur montrer quelque merveille d'art découverte la veille ou quelque manuscrit apporté d'Orient. Savonarole pourrait aussi retrouver sa cellule & ses frères dans le couvent de St-Marc, & s'inspirer aux peintures pieuses & archaïques de *Fra Beato Angelico* & de *Bartolomeo della Porta*, son ancien ami. — Heureuse la cité qui a le privilége d'évoquer de tels souvenirs, qui a su conserver intacts ses plus beaux monuments, & à qui les temps n'ont apporté qu'une grâce nouvelle & des mœurs plus douces ! — C'est encore & ce sera longtemps notre Athènes moderne, moins les ruines pourtant, car Florence est trop jeune & trop belle pour mêler à ses roses les signes de la dévastation. Dans cette ville privilégiée, on se sent à l'aise ; on peut admirer à coup sûr, sans risquer de se laisser fourvoyer par une admiration banale & de convention, car tout ce que l'on voit porte écrit sur ses murs des noms tels que ceux de Giotto, de Brunelleschi & de Michel-Ange. — Les hommes seuls ont changé, & ce n'est pas un médiocre sujet d'étonnement que le calme de la ville & la douceur de ses habitants, au milieu de tous ces palais ressemblant à autant de forteresses & attestant assez le caractère inquiet & guerroyant de leurs anciens possesseurs.

La place du Palais-Vieux est toute pleine de ces vieux souvenirs : là est le palais de la Commune, témoin de tant de mouvements populaires, avec tous ses écussons armoriés, avec ses nombreuses statues

qui femblent en garder l'entrée, avec fon couronnement à créneaux dentelés, & fon beffroi gigantefque.

Le veftibule en eft d'une beauté originale & pleine
de grâce, qui fait un contrafte agréable avec la rudeffe
de la façade, & il ne tient qu'à l'imagination du fpec-
tateur de voir précifément dans ce contrafte un fym-
bole parfait des mœurs florentines : toute la rudeffe
& la mauvaife humeur du Moyen-Age alliée à toute
la grâce & la douceur des mœurs actuelles.

Tout à côté du Palais-Vieux eft la fameufe loge
des Lances, due à Orcagna (1355), & qui, bien que
portant encore dans fon entablement & dans fes cha-
piteaux le caractère tudefque (comme on appelait
alors le ftyle ogival), marque la première tentative
de retour à l'architecture claffique. C'eft fous l'une
des arcades de cette loge qu'eft placé le fameux Per-
fée de Benvenuto Cellini, dont la fonte lui coûta tant
de tourments. — Tout à côté de là encore font les
belles galeries *degli Uffizi*, qui vous permettent de
gagner les bords de l'Arno fous des portiques décorés de vingt-deux ftatues de Tofcans célèbres. —
Florence eft la ville des ftatues auffi bien que celle
des fleurs, & c'eft une chofe admirable de rencontrer partout tant d'œuvres d'art mifes là fur votre paf-

fage, fans grille, fans gardien, fans défenfe aucune, que le refpect d'un peuple artifte.

Les palais Strozzi, Riccardi, Mozzi, Corfini, font, après le palais Vieux ou même avant lui, quant à la beauté de l'architecture, les plus remarquables. — Ne voulant point effayer de defcriptions particuliè- res, très difficiles en voyage & inutiles du refte après toutes les publications qui les ont fait connaître, je veux feulement fixer dans ma mémoire les traits prin- cipaux communs à ces conftructions & qui me fem- blent caractérifer le ftyle florentin.

Ces palais, bien que compofés feulement de deux étages principaux au-deffus du rez-de-chauffée, ont une très grande hauteur. — Le rez-de-chauffée eft compofé d'énormes affifes taillées en boffages ou en pointe de diamant. Il eft percé de rares ouver- tures. La porte principale, d'un deffin noble & riche, annonce bien la demeure patricienne. — Au-def- fus du rez-de-chauffée eft un petit étage appelé *mez- zanino*, faifant encore partie du foubaffement. Il fert d'intermédiaire entre le rez-de-chauffée & le premier étage & eft affecté aux ferviteurs du palais. — Le premier étage (*piano nobile*) eft percé de gran- des ouvertures cintrées, divifées par des meneaux &

encadrées par de belles & fortes moulures. — Le
dernier étage est presque semblable, & un avant-toit
très saillant surmonte & termine le tout. Cet avant-
toit est composé de tras apparents avec jambes de
force. — Ce n'est pas là ce qui m'a séduit le plus.
Cet avant-toit m'a paru s'harmoniser assez médiocre-
ment avec l'aspect robuste & monumental de la construction. Je ne me l'explique que par le besoin de
protéger les étages inférieurs des ardeurs excessives
du soleil d'été. — Souvent, du reste, cet avant-toit est
remplacé par un riche entablement comme au palais
Pitti & au palais Strozzi dont la corniche a fait tant
d'honneur à Simone Cronaca, son auteur.

Aux soubassements des angles de l'édifice sont
accrochés des anneaux, des boucles, des lanternes,
d'un travail exquis, qui sont destinés à indiquer le
rang & la noblesse du propriétaire & qui donnent au
palais une physionomie toute particulière. Les assises
des soubassements & de tout le rez-de-chaussée ont
souvent une dimension & une saillie extraordinaires.
Les plus remarquables, dans ce genre, sont celles du
palais Pitti, qui sont composées d'énormes rochers
dont les lits de pose seuls sont taillés, & qui présentent des parements bruts, irréguliers, dont les saillies à
partir du nu du mur ne sont pas, parfois, de moins de

un mètre. —On fent là l'influence de cet efprit de ré-
publicanifme jaloux & ombrageux, que les feigneurs
auraient eu peur de froiffer, en faifant trop délicates
& trop ornées leurs demeures.

Tout y a un afpect de force & de mâle grandeur
qui étonne d'abord & qui plaît enfuite de plus en plus,
à mefure que l'on en étudie davantage les belles pro-
portions, les détails de bon goût & l'exécution foi-
gnée.

La pierre employée généralement eft une pierre
fombre, tirant un peu fur le vert & affez femblable,
comme couleur, à celle provenant de Laufanne qu'on
emploie dans la partie méridionale de la Suiffe.

Le peuple florentin a le fentiment de la beauté, il
fait apprécier fes monuments, il en eft fier ; il les en-
tretient avec foin & vife à s'en rapprocher même dans
les conftructions modernes. — J'ai été charmé des
conftructions nouvelles qui compofent le quartier
neuf que l'on voit fur le quai de l'Arno, dans la partie
orientale de la ville. — Bien que moins opulentes
que les anciennes conftructions, les demeures des no-
bles actuels fe montrent encore dignes de celles de
la nobleffe ancienne. La nobleffe nouvelle, tout en
tempérant l'afpect par trop robufte des anciennes
demeures, a fu s'en infpirer à propos & choifir un

milieu convenable entre cet afpect féodal, qui ne ferait plus de mife, & le clinquant bourgeois du ftyle moderne.

J'y ai noté un détail intéreffant pour l'ajuftement des perfiennes. Nous favons l'embarras que ce détail nous donne dans nos conftructions modernes; la faillie des chambranles, les archivoltes cintrées, la décoration des trumeaux nous mettent toujours à la torture pour l'ajuftement des perfiennes. — Les Florentins s'en tirent très bien en ménageant dans l'épaiffeur du mur, entre ce que nous appélons le tableau & le refte de la maçonnerie, une large rainure deftinée à y faire gliffer les perfiennes. — Pour cela, ils ont foin de difpofer les chofes de manière à ce que la taille s'arrête à l'épaiffeur du tableau & forme ainfi comme un placage de 20 à 25 cent. Le refte de l'épaiffeur du mur eft en briques.

Les églifes de Florence font nombreufes & prefque toutes belles. Parmi elles, Ste-Marie-des-Fleurs, la cathédrale, tient naturellement le premier rang.

Quel beau programme avait là Arnolfo di Lapo, & qu'il fut répondre dignement aux grandes vues de la feigneurie de Florence!

« Attendu (dit le décret qui lui conféra l'entre-
« prife), que la grande prudence d'un peuple d'ori-

« gine illuftre doit fe montrer en procédant dans fes
« affaires de telle forte que l'on reconnaiffe non
« moins fa fageffe que fa magnificence, il eft ordonné
« à Arnolfo qu'il faffe le deffin de Santa-Reparata
« (c'était le nom qu'avait précédemment Santa-Ma-
« ria-del-Fiore), avec une fi haute & fi fomptueufe
« magnificence, qu'il ne fe puiffe rien inventer ni de
« plus grand, ni de plus beau par l'induftrie & le pou-
« voir des hommes.

 « Car (ajoute le décret), il a été dit & confeillé
« dans les privées & publiques réunions qui ont eu
« lieu à ce fujet, que l'on ne devait entreprendre les
« chofes de la commune, fi la volonté n'était de les
« faire correfpondre à un cœur qui eft d'autant plus
« grand qu'il réunit dans une feule penfée l'efprit de
« tous les citoyens. »

Nous ne fommes guère habitués à de femblables
programmes, & l'on eft heureux de répéter de fi no-
bles paroles. —On ne peut trop louer auffi l'habileté
que déploya, pour remplir ce beau programme, l'architecte Arnolfo & comme compofition & comme conftruction. —Le plan eft d'une nobleffe, d'une convenance & d'une diftinction parfaites. —L'intérieur
pourtant ne femble pas correfpondre complètement
comme décoration à l'extérieur. Il y règne une fo-

briété d'ornements qui contrafte fenfiblement avec la richeffe extérieure. Peut-être faut-il en favoir gré à l'architecte, & voici une raifon qui m'a pourfuivi à chacune des nombreufes vifites que j'y ai faites. — Dans cette œuvre capitale, Arnolfo tend à abandonner la manière ogivale pour revenir aux traditions antiques. Mais il n'eft pas fûr encore de lui. C'eft un édifice de tranfition ; il le fait, & il a pu héfiter fur le parti à prendre pour la décoration intérieure ; plutôt que d'y faire des effais, des tâtonnements, des décorations avec de petites chofes, il a pu préférer le laiffer nu, pour lui laiffer au moins toute la grandeur & la majefté de fes lignes : penfée bien digne d'un artifte auffi confciencieux qu'Arnolfo. — Du refte, il paraît certain que la décoration extérieure a été faite après coup par Giotto, qui fuccéda plus tard à Arnolfo dans la direction des travaux. — C'était en effet un ufage affez général dans les grands édifices de ce temps & qu'il eft important de noter comme fyftème de conftruction, de faire d'abord les maçonneries brutes & de les revêtir enfuite de parements ou placages en marbre qui en formaient la décoration ; de la forte, l'artifte gêné par la dépenfe ou preffé par le temps ne compromettait rien & laiffait toute liberté pour une riche compofition quand quelque grande famille, comme cela arrivait fouvent, voulait en faire les frais. — C'eft ainfi que la façade de la cathédrale ne préfente encore qu'une furface unie qui attend fa décoration. — Pour l'extérieur des autres faces & du pourtour de l'abfide, il eft éblouiffant de marqueteries & de fculptures d'une très belle & très fine exécution. — Ces marqueteries rifquent bien de détruire un peu l'unité de l'enfemble; mais l'architecte voulait, par cette richeffe décorative, fuppléer aux contreforts, aux aiguilles, aux pyramidions de toutes fortes dont il fe privait en abandonnant la tradition ogivale.

La difpofition des chapelles qui rayonnent autour du chœur eft d'un très bel effet, tant à l'intérieur qu'à l'extérieur. Cette difpofition rappelle dans fon plan celles de nos cathédrales gothiques, mais l'interprétation en élévation eft toute différente. — Eft-ce mieux? Eft-ce moins bien? Je me garderai bien d'effayer même de le juger, perfuadé que c'eft tout gâter que de chercher des rapports entre des productions provenant d'un principe tout différent. — Il eft rare qu'on ne rapetiffe pas deux chofes à la fois quand on veut chercher à établir une prééminence de l'une fur l'autre. — Or, nous n'avons pas, ce me femble, trop de toutes nos richeffes pour les facrifier

ainſi les unes aux autres dans des luttes ſtériles pour
l'art.

J'ai remarqué un ſingulier effet de moſaïque qui
montre bien à quel point les Florentins excellent dans
ce genre de travail. — Une des croiſées eſt complètement fermée, & on y a appliqué une décoration en
émaux, imitant avec une telle perfection les vitraux
des autres ouvertures & ayant un tel éclat, que, malgré la tranſparence des vitraux réels & l'opacité naturelle de l'autre, il faut une attention toute particulière pour en faire la diſtinction. Il paraît bien que
l'artiſte a viſé au chef-d'œuvre, puiſque rien n'empê-
chait de faire une croiſée réelle à l'endroit où la moſaïque a été appliquée.

Mais la partie belle entre toutes & qui donne à
cet édifice un ſi grand intérêt architectural, c'eſt la
coupole que Brunelleſchi éleva après la mort d'Arnolfo, conſtruction prodigieuſe & qui remplit la vie
de ce grand artiſte d'autant d'amertume que de
gloire. — Il eſt pénible de ſe rappeler que cet homme
de génie fut mis à la porte & traité de fou pour
avoir annoncé qu'il ſe chargeait d'élever cette voûte
ſans le ſecours d'aucune armature ni même de cintres, ce qu'il fit pourtant & l'on ſait avec quel ſuccès,
en ſe ſervant ſeulement d'un échafaudage très ingé-

nieux qu'il avait inventé. — Auſſi avec quel plaiſir on retrouve près de là un témoignage parlant de la juſtice de la poſtérité, dans la ſtatue du grand archi-tecte qui, placé en face de l'égliſe, tient ſon crayon d'une main & indique de l'autre, dans l'eſpace, la coupole qu'il rêve d'y élever & ſur laquelle ſes yeux ſont fixés. — On comprend, en voyant cette coupole ſ'élancer ſi belle & ſi majeſtueuſe dans les airs, le cri plein de déſeſpoir de Michel-Ange partant pour Rome où il eſt appelé pour élever le dôme de St-Pierre : « *Je vais faire ta ſœur, mais je n'eſpère pas faire* « *ta pareille.* »

En avant & un peu ſur le côté de l'égliſe, eſt le fameux campanile de Giotto, tour merveilleuſe toute brodée de moſaïques, de ſculptures & d'incruſtations, dont l'effet ſurpaſſe encore l'idée que s'en eſt faite l'imagination déjà ſi prompte à embellir les choſes.

C'eſt bien dans cette magnifique conſtruction que le génie de Giotto atteint à toute ſa ſublimité. — Ce n'eſt plus le ſentiment archaïque, timide, byzan-tin, de l'ami & de l'élève de Cimabué; c'eſt le génie de l'artiſte complet, ſûr de lui, anticipant ſur les temps & faiſant, au commencement du XIVe ſiècle, une œu-vre qui ſera jugée belle dans tous les temps. — En face de la cathédrale eſt le joli baptiſtère ſi célèbre par les portes de Ghiberti, & qui pourrait l'être d'ailleurs fans cela à tant d'autres titres. — Je ne me rappelle vraiment pas avoir rien vu, quant à l'intérieur furtout, de plus complètement fatisfaifant.

La place de la SS. Annunziata eft une des plus élégantes de la ville. — Elle eft entourée, fur trois côtés, de portiques dont l'architecture eft due à Brunellefchi & à San-Gallo. L'un de ces portiques préfente la fingularité de confoles qui décorent la frife & qui paraiffent placées là, n'en déplaife à ces grands hommes, affez mal à propos. On ferait tenté de déplacer ces confoles pour les faire defcendre un peu plus bas, & fervir ainfi, au moins pour excufe, de clés aux archivoltes.

L'intérieur de l'églife eft d'une richeffe inouïe par la profufion des marbres & de l'or; je ne connais que l'églife du même nom à Gênes qui puiffe furpaffer cette magnificence. Mais la merveille furtout eft la première chapelle à gauche, où l'on conferve une peinture à laquelle la tradition donne une origine myftérieufe. Cette chapelle refplendit d'argent, de pierreries, de lampes d'or & de toutes fortes de merveilles dont nous fommes loin d'avoir une idée dans nos églifes de France, fi nues, fi noires, fi triftes pour la plupart & si dépourvues de tableaux & de statues.

L'église de Santa-Maria-Novella fait le plus charmant effet avec son entourage de tombeaux de marbre blanc & vert qui semblent être là pour relever encore sa grâce naturelle. Michel-Ange l'appelait sa fiancée. — Il paraît que Michel-Ange aimait beaucoup les églises de Florence, car il appelait encore sa femme la belle église San-Miniato dont nous avons tous les dessins, mais dont on se figure difficilement le bel effet au-dessus de la riante colline où elle est placée & où elle forme un des jolis aspects de Florence.

Je n'ai pas oublié de noter, en sortant de Santa-Maria-Novella, une singularité dans la disposition des piliers : c'est qu'ils vont en se rapprochant les uns des autres, à mesure qu'ils approchent du maître-autel, artifice employé quelquefois par les architectes pour augmenter, par un effet de perspective, la grandeur apparente de l'édifice.

En Italie, il est fort en usage que chaque église soit accompagnée de son cloître qui devient en même temps son cimetière. — Ainsi, chaque paroisse conserve ses morts dans son *Campo santo ;* elle les aligne

le long de fes arcades, elle les abrite fous fes corniches de marbre, & quelquefois elle les protége avec
un rideau de feuillage ou une touffe de fleurs difpofées en berceau.

Indépendamment de ces fépultures des cloîtres, la
plupart des églifes confervent, dans leurs nefs mêmes,
les tombeaux des perfonnages marquants.

L'églife *Santa-Croce* eft, fous ce rapport, le Pan-
théon de Florence; c'eft là que font les tombeaux
de Michel-Ange, de Galilée, Machiavel, Alfieri,
Dante, &c., brillante compagnie de morts s'il en fut.
Mais, fi l'imagination, excitée par de tels noms, ne
vient pas en aide, il y a bien un peu de mécompte
pour l'architecte, au milieu de tous ces blocs de marbre. — La plupart, hélas! font de médiocre compofition, & quelques-uns font franchement mauvais. —
Florence ne fait pas porter le deuil. — Qu'eft-ce que
c'eft, par exemple, que ce monument de Michel-
Ange devant un baldaquin à franges d'or & à nichées
d'amours? — Celui de Galilée, avec fon bufte qui
paraît fortir à mi-corps du tombeau, flanqué de fa
lunette, eft tout fimplement ridicule. — Celui d'Alfieri, par Canova, eft, fans doute, un chef-d'œuvre de fculpture; mais quelle compofition préten-
tieufe & embrouillée! — C'eft ainfi qu'il y a un fiècle,

on ne s'imaginait pas un tombeau de quelque importance fans cet accompagnement de pleureufes qui re-
préfentaient la nation en deuil, & d'une femme per-
chée fur l'angle d'un tombeau, un grand rouleau de
papier à la main & montrant, de l'autre, la porte
entr'ouverte d'un temple qu'on vous difait être celui
de la gloire. — Je n'ai jamais bien vu clair dans
toutes ces allégories furannées, qui auraient prefque
toujours befoin, elles-mêmes, d'une légende explica-
tive.

Il m'a toujours femblé qu'il y avait des idées qu'il
n'appartenait point à la pierre d'exprimer. — Ces
empiètements d'un art fur l'autre en ont toujours
marqué l'affaibliffement. — Ne demandez à chaque
élément que ce qu'il peut donner ou contenir : on
ne fait point de la peinture avec de la pierre. Les
fujets un peu compliqués échappent prefque tous à
la fculpture, furtout à la fculpture en ronde-boffe, &
tombent de plein droit dans le domaine de fa fœur.
Encore la peinture ne peut-elle elle-même em-
braffer deux idées à la fois. La littérature feule à le
droit de parcourir tous les temps d'un fait. — Auffi
les plus belles œuvres de la fculpture antique font-
elles des figures ifolées. Le Laocoon eft une exception pour laquelle il a fallu toute l'habileté de l'ar-

tiſte dans la dégradation des figures & tout l'intérêt dramatique de la ſcène pour lui conſerver l'unité indiſpenſable à toute œuvre d'art.

Le tombeau des Médicis, dans la ſacriſtie de San-Lorenzo, a une tout autre valeur artiſtique. — C'eſt le fameux Penſieroſo de Michel-Ange ; c'eſt la Nuit & le Jour, le Crépuſcule & l'Aurore, tous chefs-d'œuvre qui montrent le génie de Michel-Ange dans toute ſa puiſſance & ſon originalité.

Que de choſes encore ont été dites à propos de ces fameuſes ſtatues, par les enthouſiaſtes qui vont toujours chercher dans une œuvre plus ou autre choſe que ce que ſon auteur a ſongé à y mettre.

A travers quel dédale d'idées abſtraites n'eſt-on pas allé cherché la beauté de ces œuvres ! — Quels ſymboles de vie active, de vie contemplative, n'a-t-on pas voulu obſtinément y voir ! — Je me figure qu'il y a dans ces interprétations compliquées une très fauſſe direction de l'eſprit, qui veut chercher dans la conception idéale une ſorte de grandeur qui eſt tout entière dans la forme, mais dans la forme idéaliſée par le génie particulier du grand artiſte.

Il ponte alle Grazie, le pont des Grâces, porte ſon nom le plus élégamment du monde. — Sa courbe pleine de grâce, les moulures & la baluſtrade, d'un beau deſſin, & ſurtout les piédeſtaux & les ſtatues qui en décorent les abords, montrent le bel effet qu'on pourrait attendre d'un ſemblable monument, ſi les deſſins en étaient confiés quelquefois à des mains plus ſoucieuſes de la beauté des formes que ne le ſont ordinairement celles de MM. les ingénieurs du Gouvernement.

L'artiſte a eu la bonne idée de tourner les figures du côté qui regarde la ville, & non du côté de la rivière, comme on l'a fait à propos des lions qui décorent l'entrée du pont du Collége. — C'eſt là une réflexion que j'ajoute à mes notes, car j'avoue que je ne penſai guère alors à nos ponts du Rhône.

Par une de ces belles journées dont Florence n'eſt pas avare, je fais l'excurſion de Fieſole, l'ancienne capitale de la Toſcane. — Cette journée reſtera dans mes ſouvenirs comme un rêve de bonheur. — Où trouver des chemins garnis de plus de fleurs, des ſites plus gracieux & des habitations plus belles & plus avenantes? Le déſir de n'offrir à la vue que des choſes agréables eſt ſi général dans ce pays, que, là où la néceſſité a obligé à conſtruire l'affreux mur de clôture, l'enduit du côté du chemin eſt encore orné de toutes ſortes de deſſins géométriques, tracés groſfièrement & à la hâte, par le maçon lui-même, avec une efpèce de balai, pendant que l'application eft toute fraîche. — On retrouve à Fiefole, fur trois côtés encore, les reftes de fes murs cyclopéens, &, fur l'un des verfants de la montagne, on voit les reftes impofants d'un amphithéâtre. — La cathédrale en forme de bafilique, l'hôtel-de-ville tout chargé des écuffons de fes magiftrats, le couvent des Francifcains qui a été bâti fur l'emplacement de l'Acropole, tout cela donne à cette ancienne capitale, à défaut du mouvement qu'elle a perdu par la fupériorité de Florence, une phyfionomie très remarquable & qui impreffionne vivement.

12 *octobre*. — Autre journée d'enchantement. — Parcouru le pays le plus pittorefque & le plus riant, pour me rendre à Sienne par Empoli, Caftel-Fiorentino, Poggibonfi, &c. — Une chofe remarquable, c'eft que dans ce parcours, comme dans toutes les autres parties du refte de l'Italie, chacun

des plus petits endroits a une certaine importance ; il semble que le village, comme nous le connaiſſons en France, n'exiſte pas en Italie, & qu'il n'y ait que des villes plus ou moins importantes. — Aucune, en effet, qui n'ait ſa porte de ville, ſon beffroi, ſon palais municipal, ſon *duomo*, quelques tours indiquant les demeures ſeigneuriales, tout ce qui peut le mieux leur donner l'air de petites républiques. — Fières de leur nom & de leur hiſtoire, elles tiennent à garder le mieux poſſible leur place au ſoleil. — Les conſtruƈtions rurales que l'on rencontre à chaque pas dans la Toſcane ont l'aſpeƈt le plus agréable. On y trouve un art dans l'aſpeƈt & la diſtribution, ainſi qu'une ſorte de recherche dans la conſtruƈtion, que nous ſommes peu habitués à trouver dans nos campagnes, & qui dénotent le goût du peuple florentin, non moins que la proſpérité dont il jouit.

Toutes ces conſtruƈtions ſont en briques diſpoſées avec la plus grande ſymétrie & avec toutes ſortes de combinaiſons agréables à l'œil, pour former les à-jours des parties où ſont diſpoſées les proviſions & qui ont beſoin d'air.

---

14 octobre. — Sienne s'annonce de loin par la couleur de fa terre fi chère aux architectes. — C'eft une des villes les plus fingulières à voir & une des plus riches en monuments du Moyen-Age.

C'eft avec un charme inexprimable que je me mets de fuite à errer dans ces rues qui, bien que je les euffe parcourues déjà, il y a quelques années, me paraiffent encore fi pleines de cachet, de nouveauté & d'imprévu qui a toujours tant d'attrait pour le voyageur & dont je ne vois pas pourquoi l'architecte ferait peu de cas.

Une idée, à cet égard, m'a pourfuivi pendant toute la journée. — D'où vient, me difais-je, que nous ne comprenons guère, en France, le pittoref-que qu'avec des caffures, des murs lézardés, des toits effondrés & avec l'accompagnement obligé de toutes fortes de tons innomés?

L'artifte peintre, par exemple, fuit nos conftructions intactes & ne s'arrête que devant des ruines. — Eh quoi! faudra-t-il donc qu'il y ait perpétuellement contradiction entre le befoin de l'aifance & du progrès, qui demandent des conftructions régulières & propres, & le goût de l'artifte, qui recherche des accidents, des filhouettes, des jeux d'ombre & de lumière? ou bien faudra-t-il que l'architecte, pour

offrir du pittorefque aux yeux, difloque & barbouille
fes conftructions & aille s'infpirer dans les vieilles
rues abandonnées de Bourges & de Rouen? — Mais
non! Sienne, comme tant d'autres villes en Italie,
m'a révélé qu'il y a quelque chofe de mieux à faire
que des murs qui furplombent, & qu'il y a également
loin entre les murs trop nus & trop uniformes de
nos cafernes & de nos couvents & les bicoques qui,
avec leurs guenilles pendantes par les croifées déla-
brées, ont le privilége d'arrêter l'amateur du pittorefque.

Pourquoi ne pas faire, ajoutai-je, pour forme de
conclufion à mon pathos mental, pourquoi ne pas
faire de fuite du pittorefque avec du neuf? Pourquoi
ne pas donner à nos conftructions de la vie, du mouvement, de la variété, de la couleur, fans attendre
que quelque partie délabrée foit venue lui donner
un intérêt pofthume?

Et voyez ces palais avec leurs croifées géminées,
leurs hautes tours fur le côté, leurs écuffons aux angles, leurs appareils variés de briques & de marbre;
voyez le palais de la Commune avec fon beffroi gigantefque, fa façade fur un plan cintré, fa loge faifant faillie fur l'un des angles. — Tout cela eft in-
tact, aucun détail n'eft mutilé, le foleil fait refplen-

dir ces façades jeunes & fraîches encore comme au moment de leur conftruction; le pavé lui-même, remplacé par un dallage uni, fait reffortir le deffin encore plus net.

Et tout cela eft pittorefque, tout cela féduit l'artifte, qui peut au moins s'arrêter à l'angle du carrefour & ouvrir fon portefeuille, fans regretter les échoppes & les murs dégradés.

La forme de la place principale de Sienne eft des plus fingulières. Elle m'a paru être celle d'une coquille, & l'on peut pouffer la comparaifon affez loin pour y trouver & le mouvement concave & les côtes qui caractérifent cet objet, qui femblerait le moins propre, cependant, à fervir de type pour le plan d'une place. — Une merveille à Sienne, c'eft la cathédrale. Jamais je n'ai été fi heureux de n'être engoué d'aucun ftyle exclufivement. Si j'euffe été fanatique du *gothique pur* (pour parler comme un adepte de M. de Caumont), j'aurais peut-être gâté tout mon bonheur en cherchant quelque analogie entre le ftyle ogival de cette églife & le ftyle ogival de nos cathédrales françaifes. Mais, je l'ai déjà noté, je fuis, en voyage, ces fortes d'études comparatives, qui arrêtent court toute admiration & n'accordent tel ou tel mérite qu'en reprochant tel ou tel défaut.

*

Donc, j'ai été heureux au dôme de Sienne, & franchement je ne fais nulle difficulté d'avouer que cette architecture ogivale, comme l'ont comprise les Italiens, en se l'appropriant & la transformant autant qu'il convenait pour leurs besoins & leurs matériaux, me plaît singulièrement.

Je n'ai jamais compris pourquoi on leur a tant fait le reproche de ne pas avoir compris ce style d'architecture. Est-ce donc ne pas comprendre, que de s'inspirer à propos, sans copier servilement? Fallait-il qu'ils oubliassent tout leur passé, qu'ils fermassent les yeux à tous les chefs-d'œuvre dont ils étaient entourés, & que, pour se donner l'air inspiré, ils remplaçassent leurs statues par des figures byzantines, & leurs acanthes par la feuille de chou? — Eh non! s'ils sont chrétiens par le dogme, ils sont toujours un peu païens par la forme, & ils ont le bon goût de pas s'en défendre, en associant, de bonne grâce & avec un bonheur dont nous ne nous doutons pas, les formes antiques avec les formes nouvelles.

Ils ne sont pas gothiques quand même, &, s'il arrive qu'ils aient à faire une sacristie nouvelle pour leur cathédrale, ils ne se croiront point obligés de la faire gothique. Si leurs affections les entraînent vers le style antique, ils s'en inspireront de nouveau

& feront, bien que ce foit à une cathédrale gothique cette annexe délicieuse dont l'architecture fera inspirée par Bramante, & les peintures par Raphaël, & au milieu de laquelle ils fauront difpofer encore, fanctifiant tout par l'art, les trois Grâces païennes.

La chaire, une des plus belles de l'Italie, eft célèbre dans l'hiftoire de l'art. — Elle eft de ce Nicolas de Pife qui remplit de fa renommée la première moitié du XIIIe fiècle.

Les chaires, en Italie, ont une tout autre importance que dans nos églifes de France. — On n'y comprendrait pas ces efpèces de guérites fufpendues, auxquelles on arrive en tournant autour d'une colonne.

Le dallage de la cathédrale de Sienne doit être le plus beau qui exifte dans le monde, & paraît être la limite où l'art puiffe atteindre fans paffer à l'excès. Il ne s'agit pas d'une mofaïque, mais bien de fujets à figures, dont les deffins font exécutés à l'aide d'un trait en creux dans le marbre rempli enfuite d'une préparation colorée.

Déjà en 1340, Duccio avait créé ce genre où il s'était fait une grande réputation. — Beccafumi l'éleva bien plus haut encore, par la richeffe & la beauté de fes compofitions & par l'introduction de marbres

gris réfervés pour les perfpectives des fonds & fervant admirablement à détacher le fujet principal. —
Un peu plus, & l'on retombait dans un inconvénient
que Beccafumi a fu éviter. — Ne voulant point que
l'on confondît fon genre avec celui de la mofaïque
connue jufqu'alors, il s'en tint à ces deux teintes,
l'une pour les fonds, l'autre pour les premiers plans,
& fe garda de tomber dans ces applications de marbre trop variées qui euffent détruit la fimplicité &
le grandiofe de fa compofition, & euffent fini par
faire, d'une œuvre d'art févère, une œuvre de mo-
faïfte où la fcience du métier rifque toujours de prendre une trop grande place.

Un femblable luxe de pavage femblerait déplacé,
fi l'on ne fe rappelait que les églifes d'Italie ne font
point obftruées de ces affreufes chaifes de paille dont
nous nous contentons pour nos temples & dont nous
ne voudrions pas pour nos cuifines.

20 octobre. — J'ai trop à voir, je n'écris plus ;
je ne fais plus que des croquis, & pourtant, quel

pays attrayant je traverfe! quelles villes intéreffan-
tes je vifite, de Florence à Livourne, par cette vallée
de l'Arno qui mériterait à elle feule le voyage de
l'Italie! — Prato, avec fa jolie cathédrale, fa chaire
extérieure & fa chapelle où l'on conferve la cein-
ture de la Vierge. — Piftoja, aux rues larges & élégantes, avec fon prétoire où l'on voit encore les fié-
ges en pierre difpofés dans la cour pour y rendre la
juftice, avec fes jolies églifes & fon hôpital dont
les plus belles faïences de *Lucca della Robbia* décorent la façade. — Lucques, auffi belle & auffi intéreffante. — Pife, avec fa merveilleufe place du Dôme,
qui offre le groupe le plus curieux qui foit peut-
être au monde, de ces quatre monuments fi connus
& fi bien confervés, & qui, ifolés à l'extrémité de la
ville, paraiffent, felon l'expreffion d'un de nos poètes,
heureux dans leur ifolement.

Au retour, arrêté deux jours à Gênes & parcouru,
avec un raviffement inexprimable, ces étonnantes
rues Balbi, Nuova & Nuoviffima, toutes trois placées
à la fuite l'une de l'autre & bordées fans interruption
des palais les plus fomptueux que l'on puiffe imagi-
ner pour la décoration d'une ville, rues qui femblent faites pour être habitées par des rois, felon
madame de Staël, & où l'architecte Galeas Aleffi,

furtout, fut déployer une fi prodigieufe fécondité d'i-
magination.

Et le lendemain, le paquebot à vapeur m'avait
ramené à Marfeille, où j'errais triftement & tout déf-
orienté, cherchant en vain quelque chofe qui me
rappelât les beautés perdues.

IN ERAT
PRIN VER
CIPIO BVM

L P

www.ingramcontent.com/pod-product-compliance
Lightning Source LLC
LaVergne TN
LVHW022016080426
835513LV00009B/747